AF456683

LES
PEINTURES MURALES
DE LA
MALADRERIE DE POISSY

PAR

E. MAREUSE

Membre de la Commission des Antiquités et des Arts
de Seine-et-Oise

VERSAILLES
IMPRIMERIE CERF ET Cie
59, RUE DUPLESSIS, 59

1894

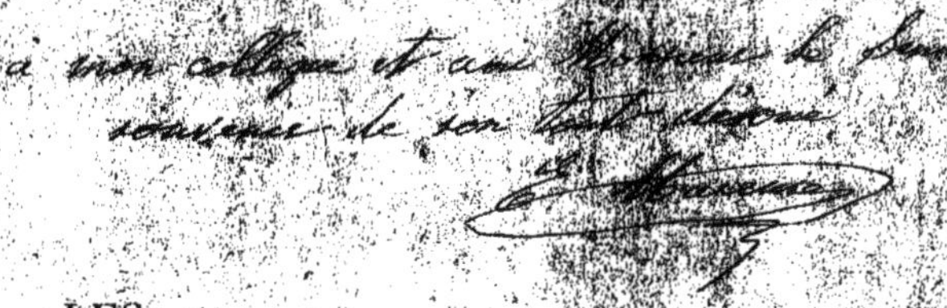

LES
PEINTURES MURALES
DE LA
MALADRERIE DE POISSY

PAR

E. MAREUSE
Membre de la Commission des Antiquités et des Arts
de Seine-et-Oise

VERSAILLES
IMPRIMERIE CERF ET Cie
59, RUE DUPLESSIS, 59

1894

PHOTOTYPIE CHARLES CHAMNON. BORDEAUX.

CHAPELLE DE LA MALADRERIE

LES
PEINTURES MURALES
DE LA
MALADRERIE DE POISSY

I

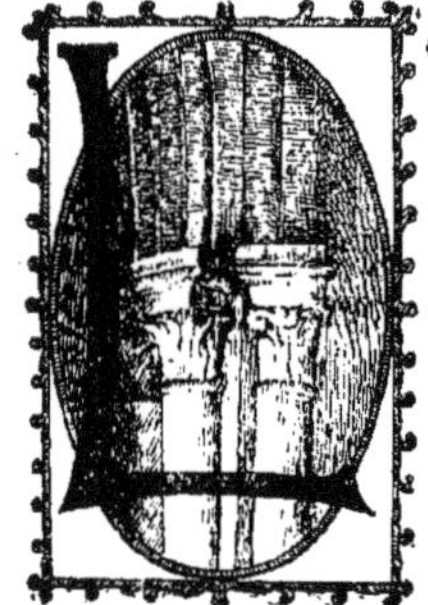

Le terrible fléau qui avait ravagé l'Occident à la fin de l'Empire romain, la lèpre, avait à peu près disparu de l'Europe vers l'époque de la chute de l'empire d'Occident. Tout à coup, au XIIe siècle, peut-être à la suite des Croisades, le mal reparaît et ne tarde pas à exercer de nouveau ses terribles ravages. D'abord, on se contenta de séquestrer les lépreux et d'éviter tout contact avec eux; les malheureux étaient pour ainsi dire exclus de la société et traînaient une vie de plus en plus misérable. C'est alors que, pour porter un remède à cette situation, en 1149, Louis VII, à son retour de la Terre-Sainte, ramène avec lui douze chevaliers de Saint-Lazare. Le but de cet ordre avait été, à l'origine, d'exercer l'hospitalité et la charité envers les pèlerins que leurs affaires ou un motif de dévotion appelaient à Jérusalem.

Louis VII accorda aux chevaliers de Saint-Lazare l'administration des maladreries de France, et leur donna le château de Boigny, près d'Orléans, et un de ses palais, situé à Paris entre le faubourg Saint-Denis et le faubourg Saint-Martin, pour y recevoir les lépreux de la capitale.

Henri II, roi d'Angleterre, leur fit en outre diverses donations dans les provinces qu'il possédait en France, et Philippe-Auguste, ayant reconquis sur les Anglais la Normandie et l'Anjou, confirma aux chevaliers de Saint-Lazare la possession de toutes les léproseries que le roi d'Angleterre leur avait données dans ces provinces. Au siècle suivant, saint Louis transférait le siège de l'ordre dans ses Etats ; ils s'installent alors à la maison de Boigny (1).

En peu de temps, sous la direction des religieux, une quantité de *maladreries* ou de *léproseries* ne tarde pas à se fonder. En France, on n'en compte pas moins de deux mille. Dans l'Ile-de-France particulièrement, on voit s'élever celles de Versailles, Gonesse, Franconville, Etampes, Corbeil, Marly-la-Ville, etc., etc.

La première mention que nous trouvions de la maladrerie de Poissy se trouve dans un arrêt du Parlement de Paris, rendu le 8 septembre 1258, au sujet de droits à exercer dans la forêt de Laye :

« Inquesta facta super hoc quod leprosi de Pissiaco dicunt quod consueverunt habere in foresta de Laya quadraginta anni sunt elapsi, residuum summarum asinariorum quas Gazo de Pissiaco, miles, habet in dicta foresta. Item, dicunt quod consueverunt habere in dicta foresta plenum usagium sicut homines de Sancto-Germano et homines de Sancto-Leodegario in Laya habent, videlicet spinam et genestem, achorem et tremulum et concam mortuam et brancas siccas ad croceum et pasturam boum et vaccarum et porcorum suorum : Nichil probatum est pro eis, et nichil habent (2) ».

(1) E. Mannier, les Ordres hospitaliers et militaires de Saint-Lazare et de N.-D. du Mont-Carmel (*Revue nobiliaire*, t. XV, p. 289 à 292).

(2) Registres des Olim, Doc. inédits, t. Ier, p. 54.

La maladrerie existait donc à cette époque ; peut-être même avait-elle été agrandie au milieu du XIIIe siècle. La chapelle, dont l'extérieur est à peu près intact, a, du côté du nord, deux croisées de style différent (1); la plus voisine du chœur est ogivale, l'autre plein-cintre. A l'intérieur, sur des colonnes romanes ornées de chapiteaux, le chœur est formé par une voûte fort élégante, de style ogival, se terminant par un arc triomphal du même style (2). A l'entrée d'une porte latérale, se trouvent quelques restes d'un bénitier, de forme gracieuse, qui date d'une époque évidemment postérieure. La voûte était décorée de fresques, il y avait quatre sujets; deux ont complètement disparu, malheureusement l'action de la lumière a beaucoup affaibli la vivacité des teintes.

La première fresque, la mieux conservée, représente le Seigneur, revêtu d'un manteau qui descend jusqu'aux pieds. Ces derniers sont nus. La tête est entourée d'un nimbe crucifère. Les cheveux, originairement blonds, sont partagés symétriquement sur le front et flottent sur les épaules. Le torse est découvert ainsi que le bras droit et une partie de l'avant-bras gauche. Sur le flanc on voit la blessure faite par la lame du soldat ; quelques gouttes de sang s'en échappent, ainsi que de l'un des trous produits par les clous qui ont été enfoncés dans les mains lors du crucifiement. Le Christ est assis sur une espèce de banc et les pieds reposent sur un tabouret. A sa droite et à sa gauche sont des anges qui portent les instruments de la Passion. Le plus rapproché, à droite, et dont on distingue les ailes,

---

(1) Je donne ici même une vue de la chapelle, les personnages qui figurent sur la photographie représentant d'une part, les aimables petites-filles du propriétaire, M. Fastier; d'autre part, notre regretté collègue, M. Guégan. C'est lui, on se le rappelle, qui a signalé à la Commission les peintures de la Maladrerie, et c'est à lui que revient l'initiative de la reproduction que nous en donnons aujourd'hui.

(2) Je dois à l'obligeance de notre collègue, M. Mangeant, la reproduction de cet arc triomphal, qui figure en tête de la notice.

porte une lame de la main droite et paraît soutenir de la main gauche une cassolette à parfums. Un autre ange, placé derrière le premier, dans l'attitude de la prière, porte un livre ou une image soutenu par un cordon. Les têtes sont nimbées. A gauche du Christ on distingue deux têtes d'anges également nimbées et l'extrémité des ailes de l'ange le plus rapproché du Christ.

Le fond porte un semis de petites rosaces rouges à cinq lobes, analogues à celles qu'on trouve dans l'église de Saint-Ceneri (Orne), ou mieux dans la tour Fernande de Pernes (Vaucluse).

Dans la seconde peinture, on ne distingue que deux anges ayant fait partie d'une composition dont le centre était probablement occupé par la figure du Christ assis. On ne voit plus que le fauteuil, dont on peut reconnaître un pied et un bras. L'ange le plus rapproché de ce fauteuil est nimbé et lève un bras ; on voit la naissance de son aile. Le second, placé à gauche du spectateur, est également nimbé, et pourvu de deux ailes, sonne de la trompette : peut-être celle du jugement dernier.

Comme je l'ai dit, ces peintures sont très abîmées et ce n'est qu'en les comparant avec les peintures publiées par MM. Gelis, Didot et Laffillée (1) et avec celles de Saint-Savin (2) qui sont, il est vrai, plus anciennes, que M. Piton a pu en donner une reproduction approximative, et a bien voulu en même temps m'aider à en déchiffrer le sujet.

Au XIIIe et au XIVe siècle, on trouve peu de documents relatifs à la maladrerie ; toutefois, à la date du 10 août 1276, nous voyons Gui de Leris, maréchal de Mirepoix, donner par testament 20 sous tournois aux lépreux de

(1) P. et H. Laffillée, la *Peinture décorative en France du XIe siècle au XVIe siècle*, in-fol. avec figures et 50 planches hors texte. Paris, librairies-imprimeries réunies, 1888-1890.

(2) Prosper Mérimée, *Peintures de l'Eglise de Saint-Savin*, département de la Vienne, in-fol. avec dessins, par M. Gérard Seguin. Paris, Didot frères, 1845, in-fol.

Poissy (1). Le 10 mars 1307, Godefroy de Poissy, lépreux, fait des démarches pour entrer à la maladrerie (2). Le 11 juin 1323, un arrêt du Parlement de Paris « reconnaît à l'évêque de Chartres, contre les prétentions du Roi, le droit de nommer le recteur ou maître de la maison des lépreux de Poissy, et d'y instituer les frères et les sœurs. » Le sous-bailli de Poissy réclamait telle prérogative pour le Roi (3).

On ne trouve, à la fin du XIVe siècle, aucune mention de la maladrerie, et ce n'est qu'au XVe et au XVIe siècle que des arrêts du Parlement de Paris nous font connaître les différends qu'elle a avec ses voisins. Le 9 juillet 1478, elle gagne un procès contre l'abbaye de Poissy (4). Ce document nous apprend que Jean Troussebois, curé de Saint-Martial à Paris, était alors gouverneur de la maladrerie.

Le 30 août 1494, « Maistre Loys Marais, prestre-vicaire de Nostre-Dame de Poissy, et maistre de l'ostel et malladrerie de Sainct-Ladre, près ledit Poissy », loue pour 99 ans à un sieur Valleron « cousturier », et moyennant dix sous parisis de rente annuelle payable au bailleur le jour de la Saint-Martin d'hiver (11 novembre) une pièce de terre dépendant de la Maladrerie (5).

Cependant, le fléau diminuant, les bâtiments se détruisaient et la chapelle tombait en ruine. Nous trouvons en effet dans une délibération capitulaire du 20 juillet 1515, que considérant l'état misérable de la chapelle Saint-Lazare « diuturnam ruinam et paupertatem capelle seu administrationis ac domus Sancti Lazari, in parrochia nos-

(1) Moutié, *Cartulaire de N.-D. de la Roche*. Paris, 1862, p. 453.

(2) Godefridus de Pissiaco, leprosus, veneris sequenti (10 mars 1307)..... emendo ad intrandam leprosariam Pissiaci. *Recueil des Historiens de la France*, t. XXII, p. 552.

(3) Boutaric, *Actes du Parlement de Paris*, t. II, p. 527.

(4) *Archives nationales*, X 1A 4819, fol. 322. R°.

(5) *Archives de l'Hôtel-Dieu de Poissy*.

tra de Pissiaco situate » dont est pourvu actuellement Mre Jean Ruffle, curé de Rueil, diocèse de Paris et en laquelle de toute antiquité le Chapitre a droit de percevoir toutes les oblations, dons, aumônes, etc., sans l'assentiment duquel le maître ou administrateur de la chapelle ne peut célébrer aucun service solennel pour les défunts, et voulant aussi tenir compte audit Ruffle du désir qu'il témoigne de contribuer à la reconstruction et à l'augmentation de la chapelle pour que les pauvres et les passants pussent y être mieux reçus, les membres du Chapitre baillent à ferme, pour sa vie durant, à J. Ruffle, le droit mentionné ci-dessus moyennant 28 sous parisis par an. Il est spécifié de plus, que si le chapelain vient à célébrer un service pour les défunts, il sera tenu d'en faire part au Chapitre, auquel il remettra, sans en rien retenir, les torches et le gros luminaire, et que, sa vie durant, il pourra faire l'eau bénite en la chapelle pour les infirmes, les serviteurs et les domestiques de la maison (1).

Une ordonnance de François Ier ordonnait, peu de temps après, en 1543, la recherche des titres de propriété des maladreries, mais malgré cela peu de léproseries revinrent à l'Etat.

Il y avait cependant encore, au XVIe siècle, des lépreux à la maladrerie. Un arrêt du Parlement de Paris, daté du 22 novembre 1543, en fait foi.

« Entre Estiennette Martin, pauvre femme malade de leppre en la malladerie de Poissy, demanderesse à l'enterinement de certaine requeste de provision d'alymens le procureur général du Roy pourseant la cause pour son substitut à Poissy et maistre Jehan Chenout, prevost et soubz bailly dudit Poissy inthimez, d'une part, et maistre Estienne Guimond, maistre et administrateur de la malladrerie Saint Ladre dudict Poissy, appellant dudict

(1) *Arch. du départ. de Seine-et-Oise*, G, 338.

maistre Jehan Chenout, prevost et soubz bailly; et de Claude Boisguillot, sergent royal audict Poissy et deffendeur à l'enterinement de ladicte requeste, d'aultre.

Après que le maistre pour le procureur à présent du Roy a esté oy,

La Cour enjoint et ordonne à maistre Jehan Parent, procureur dudict Guimond, d'en venir demain après disner sous peine de l'amende; alias, en deffault, de venir oultre l'amende qui sera adjugiée. Sur ce baillié exploit tel que de raison (1). »

Ce Guimont était encore maître de la maladrerie en 1548; nous trouvons en effet son nom mentionné dans une déclaration du 16 février de cette année, que nous publions dans les pièces justificatives (2). Ce document nous donne l'énumération des propriétés possédées, à cette date, par la maladrerie.

A partir de ce moment, les lépreux disparaissent, la maladrerie devient sans doute un hôpital ordinaire; mais éloigné de tout centre habité, il ne tarde pas à devenir inutile. Aussi songe-t-on de bonne heure à utiliser les bâtiments comme ferme.

Peut-être est-ce à cette occasion que fut dressé, le 16 septembre 1624, par un nommé Pierre Duboys, arpenteur, un état des propriétés de la maladrerie (3).

Le premier bail que nous trouvons est daté du 1er décembre 1669 (4). Moyennant cinq cents livres, les sieurs Lavisse, laboureurs, jouiront « du revenu du temporel de ladite chapelle de St. Lazarre de Poncy et malladerie y annexée consistant en maison apliquée en chambre basse chambres haulte, grenier dessus, chapelle, cave, escuries,

(1) *Arch. nat.*, X 1A, 4920, fol. 67, r°.
(2) Voir pièces justificatives, p. 16.
(3) Voir pièces justificatives, p. 18.
(4) *Arch. nat.*, carton S, 4839.

le tout couvert de thuiles et jardin au derrière de ladite maison. Item trente-deux arpens de terres labourables et prez plantés en arbres fruitiers en plusieurs pièces scize audit lieu de Poncy et ès environs..... »

Les preneurs étaient tenus « de faire dire et célébrer le service et messe aux jours accoutumés estre dits et célébrés en ladite chapelle mesme le jour de St. Lazarre feste de ladite chapelle et payer ce qu'il faudra pour de ce. Ensemble le disner aux Ecclésiastiques qui assisteront et feront ledit service le jour de ladite fête et du tout acquiter ledit sieur bailleur, entretenir le luminaire de ladite chapelle et rendre le pain beny aux jours ordinaires en sorte que ledit sieur bailleur ne soit tenu d'aucunes charges de ladite chapelle..... »

Ce bail était fait au nom de « Messire René de Longueil, prieur d'Aquigny, dudit maisons, et chapelain de la chapelle de St. Lazare de Poncy près Poissy et Maladerie y annexée demeurant à Paris rue Betizy parroisse St. Germain de l'Auxerrois. »

Cependant, en décembre 1674, intervenait un arrêt de la Chambre royale portant réunion de Saint-Lazare de Jérusalem et de la Maladrerie de Saint-Lazare de Poissy à l'ordre de Notre-Dame du Mont-Carmel, qui avait été créé en 1607 par Henri IV. Cet arrêt avait été pris en vertu d'un édit royal du 6 décembre 1672, portant que « pour faire prospérer l'Ordre des chevaliers de Saint-Lazare et de Notre-Dame du Mont-Carmel et avoir un moyen de récompenser les services de guerre de la noblesse française, Sa Majesté unissait à l'Ordre l'administration et la jouissance perpétuelle de toutes les maladreries, léproseries, hôtels-dieu, aumôneries, confréries, chapelles hospitalières et autres lieux du royaume où l'hospitalité n'était pas observée, suivant les titres de leur fondation, comme aussi les biens situés en France de plusieurs Ordres militaires qui étaient supprimés et abolis, pour de toutes ces choses en être formé des commanderies dont le Roi, en qualité de chef souverain de l'Ordre, disposerait en faveur des officiers de ses troupes reçus chevaliers et qui seraient chargés de l'entretien d'une partie des hôpitaux des armées de Sa Majesté et des dépenses nécessaires au logement et nourriture des lépreux qui pourraient encore exister en France (1). »

Le 4 mars 1673, René de Longueil, abbé d'Assigny, était obligé de résigner ses fonctions de chapelain.

Le bail daté du 20 octobre 1674, est fait au nom de « Maître Pierre Mérault, conseiller du Roy en sa Cour du Parlement, commanderie et chancelier de l'ordre de Nostre dame du Mont Carmel et de St. Lazare de Jérusalem, Maistre Jean Duverdier, seigneur de Genouillac, conseiller du Roy en son grand conseil, commandeur et receveur général dudict ordre, Maître Charles Camus, seigneur du Clos, controlleur général dudict ordre, Me Cesar Collin, conseiller, secrétaire du Roy maison couronne de France et de ses finances, Me Gilles Hochereau, cy devant aussy conseiller secrétaire du Roy, maison, couronne de France et de ses finances, et Me Jean Deturmery, conseiller du Roy et receveur général de ses finances à Amiens, tous chevaliers etans du conseil de direction dudict ordre, sous l'autorité de haut et puissant Seigneur Mre François Michel le Tellier, marquis de Louvoys, secrétaire d'Etat, chancelier des ordres du Roy et grand vicaire general dudict ordre de Nostre dame du mont Carmel et de St. Lazare de Jérusalem..... (2).

Les preneurs, Gilles Chiqueville et Claude Lavisse, louaient la ferme au même prix et avaient les mêmes obli-

(1) E. Mannier, les Ordres hospitaliers et militaires de Saint-Lazare et de N.-D. du Mont-Carmel (*Revue nobiliaire*, t. XV, p. 303).

(2) *Arch. nat.*, carton S, 4859.

gations, toutefois ils devaient faire dire une messe de plus, le jour de Notre-Dame du Mont-Carmel.

Cependant il avait fallu beaucoup de temps pour rechercher les titres et réunir les biens des différents établissements hospitaliers, et le travail n'était pas encore terminé en 1691, lors de la mort de Louvois. De plus, des plaintes nombreuses s'élevaient de toutes parts contre l'édit de 1672. Louis XIV ordonna de suspendre tous les procès relatifs à ces biens, et rendit en 1693 un nouvel édit :

« Nous avons reconnu que l'union portée par nostre édit de décembre 1672 des biens de plusieurs Ordres hospitaliers et militaires n'apporte presque aucune utilité aux officiers de nos troupes qui en jouissent à titre de commanderies et les engage à des procès inévitables ;

» Que l'union des maladreries, léproseries et hopitaux leur est fort à charge tant par le grand nombre de petites pièces éparses en divers endroits, fort éloignées les unes des autres, dont les grands prieurés et les commanderies sont composés, que par l'obligation d'y faire faire les réparations et d'en soutenir les droits souvent contestés par les redevables et par les possesseurs des héritages voisins et contigus, choses auxquelles les officiers de mes troupes actuellement occupés au service qu'ils nous rendent dans nos armées, ne peuvent pas vacquer et dont néanmoins l'abandonnement causerait par la suite la ruine desdits biens ;

» Qu'enfin il est plus convenable de leur donner d'autres biens et revenus d'une facile perception, qui ne les engagent à aucuns soins, diligence et embarras.... (1) ».

Toutefois le roi maintenait les ordres en possession de tous les biens dont ils jouissaient avant 1672, et accordait des rentes ou pensions sur les aides ou gabelles de l'Etat à ceux à qui il avait donné des biens depuis lors.

---

(1) E. Mannier, ouvrage cité (*Revue nobiliaire*, t. XVI, p. 13).

Deux déclarations, l'une du 15 avril et l'autre du 24 août 1693, établissaient « que les maladreries, léproseries, aumôneries et autres établissements hospitaliers devaient faire retour à leurs anciens possesseurs ;

» Que ceux-ci avaient à justifier de leurs titres de propriété et en rentrant en possession de ces établissements en faire l'emploi le plus conforme à leur première destination, dont l'objet ne subsistait plus par la cessation presque entière de la lèpre dans le pays ;

» Que les titres de propriété ou de fondation devaient être présentés dans un délai de quatre mois à une commission nommée par le Roi et que, passé ce délai, Sa Majesté disposerait des biens en faveur des pauvres malades des lieux de leur situation, sur l'avis des archevêques et évêques du royaume (1). »

Les évêques furent consultés et on rechercha s'il ne serait pas préférable d'unir les divers établissements hospitaliers aux hôpitaux ou hôtels-Dieu des villes voisines. C'est ce qui fut fait, et les évêques désignèrent les hôpitaux auxquels les biens en question durent être réunis. Chaque union fut confirmée par un arrêt du Conseil du Roi, et aussi parfois par des lettres patentes de Sa Majesté. Tel fut le cas pour la Maladrerie de Poissy (2). C'est donc désormais dans les archives de l'Hôtel-Dieu de Poissy que nous devons chercher ce qui concerne cet établissement.

Nous y trouvons des baux de 1745, de 1753 et de 1764 ; le prix de la ferme s'élève peu à peu ; en 1764, il est de mille livres. Les obligations sont les mêmes, toutefois le preneur n'est plus tenu de faire dire la messe que quatorze fois par an, une fois par mois, le dimanche, le jour de la fête de Saint-Lazare et celui de la fête de Notre-

---

(1) E. Mannier, ouvrage cité (*Revue nobiliaire*, t. XVI, p. 25).

(2) Voir pièces justificatives, p. 17.

Dame du Mont-Carmel. En 1781, comme cela résulte d'un bail dont la minute se trouve en l'étude de Me Cauvin, notaire à Poissy, le prix du loyer est de 1.303 livres 10 deniers.

Survient la Révolution; à cette époque nous ne trouvons plus, tant à l'Hôtel-Dieu qu'en l'étude du notaire, aucune trace de bail, et ce n'est que le 3 octobre 1808 que nous voyons Joseph Guillemain, cultivateur, qui répond pour le sieur Legendre, louer la Maladrerie pour 2.925 livres (1). Cette fois, le bail est fait par adjudication.

A ce bail est annexé un état de lieux assez intéressant, il nous montre en effet dans quel état de délabrement étaient, dès cette époque, les bâtiments de la maladrerie. J'en détache ce qui concerne la chapelle :

« L'autel, son marchepied, la boiserie au dessus, le tableau, deux bras de chandelier en fer, la console sont pour mémoire, partie de lambris d'appui sur un côté, deux bancs en bois non retenus, la porte de la sacristie en chêne portant moulure ferrée de deux fiches (?), un loquet à bascule battant Rosette (?) deux petites tablettes servant aux burettes, un pupitre, un coffre et un marche pied : partie d'un retour du marche pied de l'autel est cassé ; le tout appartenant à l'hospice ; cet article est pour mémoire.

» Les quatre vitraux de ladite chapelle vitrée en plombs en mauvais état, n'ayant ni volets ni fermeture, les dits vitraux ayant chacun un montant en fer, et chacun trois traverses aussi en fer et scellées.

» Le sanctuaire, la sacristie sont carrelés en grand carreau, dont un quart en mauvais état et les trois autres quarts en bon état.

» La marche de pierre montant au sanctuaire est en bon état.

(1) Arch. de l'Hôtel-Dieu de Poissy.

» Quatre dalles en pierre au devant, savoir une de un mètre trente-cinq de long sur quatre vingt cinq centimètres de large, un autre de deux mètres trente centimetres de long sur soixante cinq centimetres de large dont une carrée avec encoignure et les autres de plusieurs morceaux en bon état.

» Dans le remplissage des dites dalles est un ais en plâtre tel quel, et le surplus de ladite chapelle est un ais en terre en mauvais état.

» La grande porte d'entrée est en bois de chêne en bon état, à l'exception que l'emboiture du bas a une partie pourrie et consommée, et est ferrée de trois portes pentures sur gonds, dont celle du milieu est de un mètre trente centimètres de long, deux verroux plats montés sur platine, point de gâche, et en bon état et les crepissemens sont tels quels.

» La petite porte est à panneau, ferrée d'une penture par le bas, et d'une fiche par le haut, leurs gonds, une serrure de vingt-sept centimètres de longueur garnie de sa clef, gâche et entrée, un loquet à poignet garni de ses pièces, le tout en bon état et les crépissemens des murs sont tels quels.

» La Boite de la Cloche en planches sur support et sablière scellés et la cloche posée dans la baie dans l'épaisseur du mur en bon état. »

A cette date, le preneur n'est plus obligé de faire dire de messes. Du reste, l'état de la chapelle ne semble plus le permettre.

Le 14 juillet 1844, M. Fastier devenait adjudicataire de la ferme moyennant un loyer annuel de 2.635 francs.

Cependant, l'hôpital de Poissy, qui venait d'être reconstruit (1858), avait de nombreuses charges et désirait vendre la ferme de la Maladrerie. Le 10 janvier 1863, l'ensemble des terres était mis en vente en l'étude du notaire, mais le premier et le deuxième lot, qui comprenaient les bâtiments de la ferme et la chapelle, ne trouvaient pas d'adjudicataire. Le 8 novembre de la même année, une nouvelle adjudication avait lieu, et M. Fastier, qui était locataire depuis 1844, achetait les deux lots, dont il cédait une partie à M. Laporte. En 1893, après le décès de M. Laporte, M. Guitard est devenu propriétaire de cette partie, tandis que M. Fastier conservait toujours le lot qu'il avait gardé. C'est dans le dit lot que se trouve la chapelle qui a été divisée en deux sur la hauteur, elle sert de grange dans la partie basse, et de grenier dans la partie supérieure.

Il va sans dire que ce qui reste des peintures s'efface de plus en plus, et qu'avant peu il n'y en aura plus trace. C'est pourquoi la Commission des Antiquités et des Arts a cru devoir, avant leur disparition complète, en faire prendre un croquis, qui sera le seul souvenir de la vieille chapelle de Saint-Lazare et des lépreux de Poissy.

PIÈCES JUSTIFICATIVES

Déclaration de la Maladrerie Saint-Lazare du 16 février 1548, d'après une copie collationnée du 9 avril 1674.

..... C'est la déclaration des terres et héritages et revenus appartenans et estans des deppendances de la Maladerie Mons Saint Ladre lès Poissy que baille par devers vous Messieurs les Conseillers du Roy nostre sire sur le fait de la justice de son tresor à Paris et advoue à tenir noble et discrette personne Maistre Estienne Guymont maistre et administrateur de ladicte Maladerie Saint Ladre les Piossy, en la manière qu'il ensuit :

Premièrement : trois arpens de terre desquels est assis et planté la chappelle de la dicte Maladerie un petit creux de maison, estables et petit logis ou se retirent les malades de lèpre, jardinaiges tenant le tout d'un costé au chemin pierreux tendant de Poissy à Houdan, d'autre costé et d'un bout aux sei-

gneurs de Poncy et d'autre bout au chemin tendant de Mantes à Paris, laquelle terre et lieu sont au dedans la seigneurie et censive de Poncy.

(Suit une énumération d'autres pièces voisines, puis des rentes dues à la Maladrerie par diverses personnes).

Acte de procuration d'Estienne Guymont, curé de St. Victor d'Orléans, en faveur de Me Pierre Trouvé pour faire la déclaration ci-dessus (20 janvier 1548).

Archives de l'Hôtel-Dieu de Poissy.

Union de la Maladrerie à l'Hôtel-Dieu de Poissy
(Septembre 1695.)

Lettres patentes scellées du grand sceau royal, datées de Versailles, septembre 1696, par lesquelles Louis XIV réunit la maladrerie de Poissy à l'Hôtel-Dieu de cette ville.

« ..... A ces causes, après avoir fait voir en nostre dit Conseil le susdit arrest [du 16 décembre 1695] cy-attaché sous » nostre contre scel, nous avons en faveur des pauvres et pour » la plus grande gloire de Dieu dit, statué et ordonné, voulons et nous plaist que lesdits édits et déclarations [de mars, » auril et août 1693] soient exécutés selon leur forme et teneur, et, conformément à iceux, et au contenu dudict arrest, » que l'hospitalité sera retablie en l'Hôtel-Dieu de la ville » de Poissy auquel nous avons joint, uny et incorporé, joignons, unissons et incorporons par ces présentes signées de » nostre main les biens et revenus de la maladerie de ladicte » ville et chapelle en dependant, pour en jouir et de ceux dudit Hôtel-Dieu, à commencer au premier juillet dernier, et » estre lesdits revenus employés à la nourriture des pauvres » malades qui seront reçus audit Hôtel-Dieu, à la charge de » satisfaire aux prières et services de fondation, dont peuvent » estre tenus ledit Hôtel-Dieu et ladite maladerie ; et sera ledit Hôtel-Dieu regy et gouverné par des directeurs et administrateurs de la qualité portée par les ordonnances et suivant les statutz et règlemens qui seront faits en conséquence. » Voulons que les titres et papiers concernant ledit Hôtel-Dieu et ladite maladerie, biens et revenus en dépendants qui » peuvent estre en la possession de Me Jean-Baptiste Macé, cy-devant greffier de la Chambre royalle, aux archives de

» l'ordre Saint-Lazare, et entre les mains des commis et pré-
» posez par le sieur intendant et commissaire departy en la
» generallité de Paris, même en celles des chevaliers dudict
» ordre, leurs agents, commis et fermiers ou autres qui jouis-
» soient desdicts biens et revenus avant l'edit du mois de mars
» mil six cens quatre vingt treize, seront delivrez aux adminis-
» trateurs dudict Hôtel-Dieu ; à ce faire les depositaires con-
» traintz par toutes voyes ; ce faisant, ils en demeureront bien
» et valablement dechargez. Si donnons en mandement.....»

(*Archives de l'Hôtel-Dieu de Poissy.*)

La Maladrerie de Poissy

L'an mil six cent vingt quatre, et le seizième jour de septembre je, Pierre Duboys, mesureur et arpenteur juré en la Ville et Chatellenye de Poissy et partout ailleurs et arpenteur pour le Roy en la gruerie de Saint-Germain-en-Laye certiffie à tous qu'il appartiendra mestre transporté dudict lieu de Poissy, ma demeure, au lieu et maison de la Chapelle de Saint-Lazare, distante d'environ un quart de lieue, aux fins darpenter et mesurer la maison et enclos de ladicte Chapelle et terres dépendants d'icelles a quoy j'aurais vaqué comme sensuit :

Premièrement, mestre transporté en ladicte maison cour et enclos de ladicte Chapelle de Saint-Lazare tenant d'un costé au grand chemin tendant de Paris à Mente et par un bout au grand Chemin de Poissy à la seigneurie de Poncy, laquelle j'ay trouvé contenir *un arpent cinquante sept perches et vingt pieds*, de ladicte Maison mestre transporté en une autre Maison proche de ladicte Chapelle Saint-Lazare, le Chemin entre-deux, appelé les Granches de Saint-Lazare, tenant dun bout au Chemin de Poissy, tendans à Poncy, et dautre bout à la terre de ladicte Chapelle, et d'un costé au grand Chemin tendant de Paris à Mente et de l'autre costé à la terre de ladicte Chapelle que jay trouvé contenir avec lenclos de murailles. [La dite pièce doit être de six arpens y compris pièce cy devant de trente perches trois quarts suivant le tiltre donné par madame la duchesse d'Espernay qui est dans la maison de messieurs de la direction desquels six arpens ont payé rente à la dicte dame.] *Trente perches trois quarts* ; de ladicte Maison mestre transporté en un grand enclos de Murailles apellé le grand clos de Saint-Lazare tenant d'un costé au Chemin tendant de Poissy

à Poncy, et de lautre costé aux maisons des Maieux, et par un bout au Chemin tendant de Paris à Mente et de lautre bout au pressoir des Maieux, que j'ay trouvé contenir *quatre arpents trente quatre perches* dudit enclos mestre transporte sur une pièce de terre dépendante de ladicte Chapelle de Saint-Lazare apellée les cinq quartiers de Saint-Lazare sise et située au bout d'un coing des terres de la seigneurie daigremont entre les chemins de Paris à Mante et de Poissy à Sainte-Jame tenant dun bout aux héritiers feu Adrien Maieu et d'un costé aux terres dudit seigneur daigremont, laquelle jay trouvé contenir *un arpent vingt neuf perches*, de ladite pièce de terre mestre transporté sur une pièce de prés dépendante de ladicte Chapelle de Saint-Lazare tenant dun bout audict Chemin de Poissy à Poncy et de lautre bout a Roger Gallois et d'un costé à M. Jacques Baioue et de lautre costé aux Vignes des héritiers Roger Maieu et autres, que jay trouvé contenir *un arpent trente huit perches.*

De ladicte pièce de prez mestre transporté sur une pièce de terre sise et située derrière les Granges de ladicte Chapelle de Saint-Lazare appelée la pièce de derrière les Granges, tenant dun bout par le hault au chemin comme lon va de Poissy à Poncy et par lautre bout à la terre des héritiers feu Roger Maieu et dun costé à ladicte maison des granges de Saint-Lazare et au grand chemin tendant de Paris à Mente, et par lautre costé aux terres de Roger Gallois, et Jacques Baioue et autres, que jay trouvé contenir *cinq arpents deux perches sept pieds*, de ladite pièce de terre mestre transporté sur une autre pièce de terre dépendante de ladicte Chapelle de Saint-Lazare sise et située au terroir de dessoubz bethemon apellée la pièce des treize arpents [laquelle pièce ne se trouve contenir que douze arpens] tenant d'un costé au chemin dudict Saint-Lazare à Bethemont et dautre costé a la terre de Laurent Besnard et par le bout du hault a la terre de Jehan Blouin et a la Vigne de Jacques Aurent et de lautre bout du Grand Chemin de Paris tendant à Mente, que jay trouvé contenir *treize Arpents un quartier* ; de ladicte pièce de terre mestre transporté sur une autre pièce de terre sise et située au terrouer de dessoubz Bethemont apellée la pièce des deux arpents dependants de ladicte Chapelle de Saint-Lazare, tenant dun costé a Jehan Esue de lautre costé à Jehan Blouin et par un bout au Chemin tendant de Poissy a Videville, et de lautre bout à Pierre Desgaieux l'aisné que jay trouvé contenir *deux arpents quatorze perches* [laquelle pièce ne se trouve contenir que deux arpens] et de ladicte pièce de terre mestre transporté sur une autre pièce de terre sise et située au terroir de Poncy vulgairement apellée la pièce des trois cornets, tenant d'un costé au chemin tendant de Poissy à Videville et dautre costé à une sente tendant dun bois de la seigneurie de Poncy au chemin de Poissy et par le bout de dessus au clos de Francois de la maison neufve dépendante de ladicte Chapelle de Saint-Lazare que jay trouvé contenir *trois arpents treize perches seize pieds*, lesquelles dictes terres dépendantes de ladicte Chapelle de Saint-Lazare contenues en cestuy mondit proces verbal que je certifie contenir vérité et ay signé, Jay arpenteur susdict mesurées et arpentées les jour et an susdicts a raison de cent perches pour arpent et vingt deux pieds pour perches.

Signé : Dubois.

Arch. nat. S. 4839.

VERSAILLES — IMPRIMERIE CERF ET Cie, 59, RUE DUPLESSIS

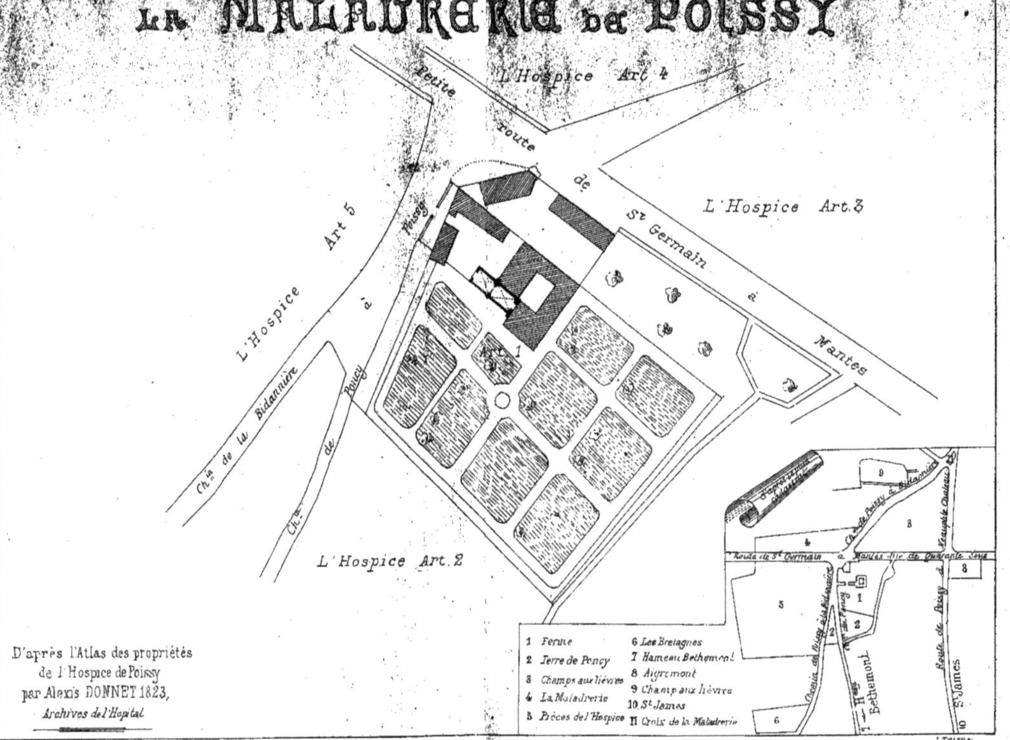
La Maladrerie de Poissy
L'Hospice Art 4
Petite route de St Germain à Mantes
L'Hospice Art.3
L'Hospice Art 5
Poissy
Art. 1
Ch.in de la Bidannière
Ch.in de Poncy
L'Hospice Art.2
Route de St Germain à Mantes
Bethemont
St James
1 Ferme
2 Terre de Poncy
3 Champs aux lièvres
4 La Maladrerie
5 Pièces de l'Hospice
6 Les Bretagnes
7 Hameau Bethemont
8 Aigremont
9 Champ aux lièvres
10 St James
11 Croix de la Maladrerie
D'après l'Atlas des propriétés
de l'Hospice de Poissy
par Alexis DONNET 1823,
Archives de l'Hopital
L.Taisne

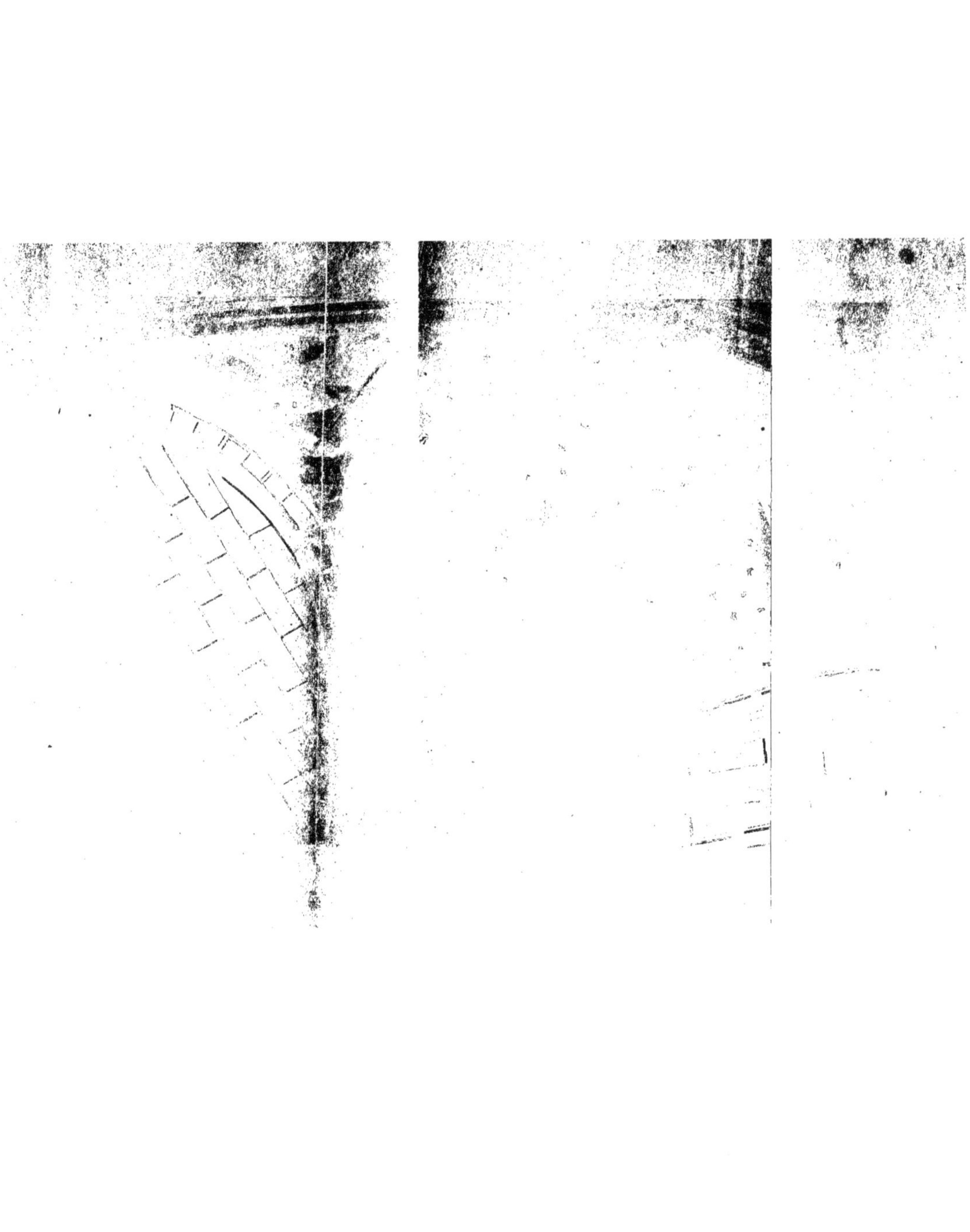

www.ingramcontent.com/pod-product-compliance
Ingram Content Group UK Ltd.
Pitfield, Milton Keynes, MK11 3LW, UK
UKHW022146260726
13993UKWH00005B/2187

9 782329 557526